Ursina

Engelwelten

Ursina Würmli

Engelwelten

- Das Set

SILBERSCHNUR

Dank

an meine Engel, die mich vor vielen Jahren riefen. Lange Zeit brauchte ich, um mein Vertrauen in sie zu stärken und mich voll Freude führen zu lassen.

Dank

an meine Familie, die mich in meiner Aufgabe und Arbeit tatkräftig unterstützt und mir den nötigen Raum gibt, um mich ganz auf die Engel einlassen zu können.

ISBN 3-89845-062-7

1. Auflage 2004
2. Auflage 2005

Cover & Satz: XPresentation, Boppard
Druck: Finidr, s.r.o. Cesky Tesin

Verlag »Die Silberschnur« GmbH · Steinstraße 1 · D-56593 Güllesheim

www.silberschnur.de
e-mail: info@silberschnur.de

Anregungen zur Anwendung

Mit diesem Engel-Kartenset möchte ich dir einen Anstoß zu Selbsthilfe und Meditation geben – ein Bild oder einen Gedanken zu verinnerlichen, dir Zeit zu nehmen, über etwas nachzudenken, in dich hineinzuhören.

Zieh, wann immer du das Bedürfnis hast, eine Karte. In diesem Büchlein findest du dann unter dem entsprechenden Titel ein paar Fragen oder Aussagen. Sie sollen Denkanstoß für dich sein und dich auf deinem Weg begleiten.

Gib den Boten Gottes eine Chance, in unserer hektischen Zeit zu deiner Seele durchzudringen. Zieh eine Karte und nimm dir Zeit, über den Impuls nachzudenken und zu meditieren.

1

Gabriel

Lass mich deine Botschaft erkennen

Ganz plötzlich geschehen Dinge, die mich völlig aus meiner Bahn werfen (Trennung, Verlust der Arbeit etc).

War es wirklich so plötzlich? Oder wollte ich vorher einfach die Situation nicht wahrnehmen? Den Ruf nach Veränderung nicht hören?

Jeder Mensch hat seine Aufgabe, die zum Segen für ihn und seine Umgebung wird.

Habe ich meine Aufgabe schon gefunden?

Übung:

Ruhig und gelassen atme ich tief.

Lasse alle Gedanken vorüberziehen.

Mit meinem inneren Ohr höre ich in die Stille.

Ist da etwas, das nach Veränderung ruft?

Mit dem Herzen gebe ich die Bereitschaft dazu.

2

Michael

Deine Klarheit und Kraft begleiten mich

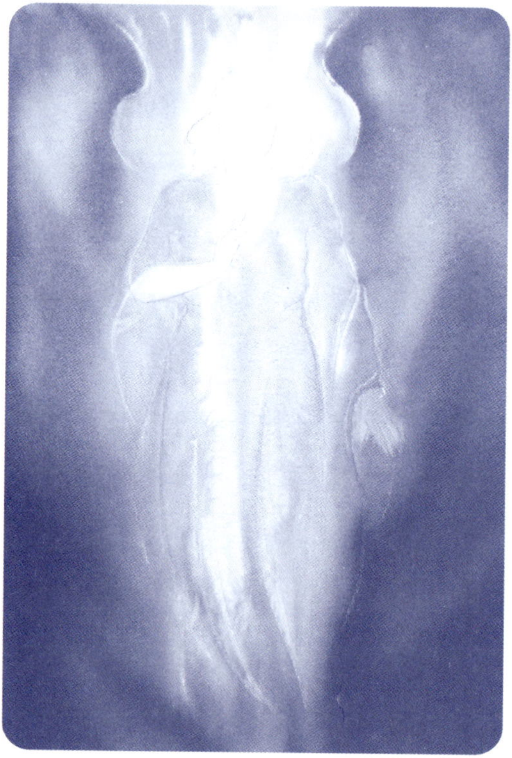

Immer wieder sind wichtige Entscheidungen zu fällen.

Wie gehe ich sie an?

Lasse ich mich von meiner Spontaneität hinreißen oder kann ich in innerer Ruhe und Klarheit die Situation überdenken und weise und liebevoll für mich und die Umwelt das Richtige tun?

Michael, schärfe meinen Verstand und meinen Geist, um die Dinge klar zu erkennen.

Übung:

Ich atme tief und ruhig, lasse alle wirren Gedanken von Wenn und Aber los.

Ein klarer Geist macht mich offen für die richtige Entscheidung.

3

Raphael

Deine heilenden Hände segnen mich

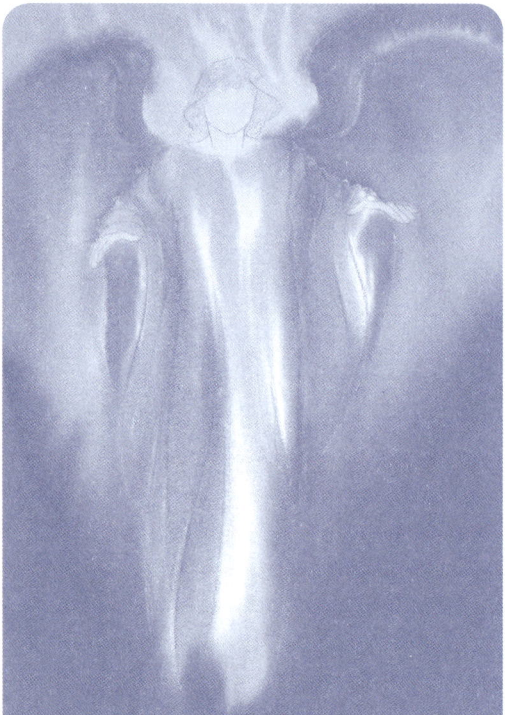

Seele, Körper und Geist sind Eins.

Wenn ein Teil leidet, leidet das Ganze.

Der Geist ist im Stress, unter Druck, kann den Anforderungen nicht mehr Stand halten, die Seele leidet und zuletzt ruft der Körper um Hilfe (Migräne, Krankheit, Unfall).

Kann ich die Zeichen meiner Seele und meines Geistes wahrnehmen, bevor der Körper rebellieren muss?

Raphael, hilf mir, gut zu mir selber zu sein und die Bedürfnisse anderer zu achten.

Übung:

Ich atme tief und ruhig.

Mit dem Ausatmen lasse ich allen Stress und alle Spannung los.

Ich spüre die heilende Gegenwart Raphaels.

Es ist gut.

4

Uriel

Deine Stärke gibt mir Mut und Kraft

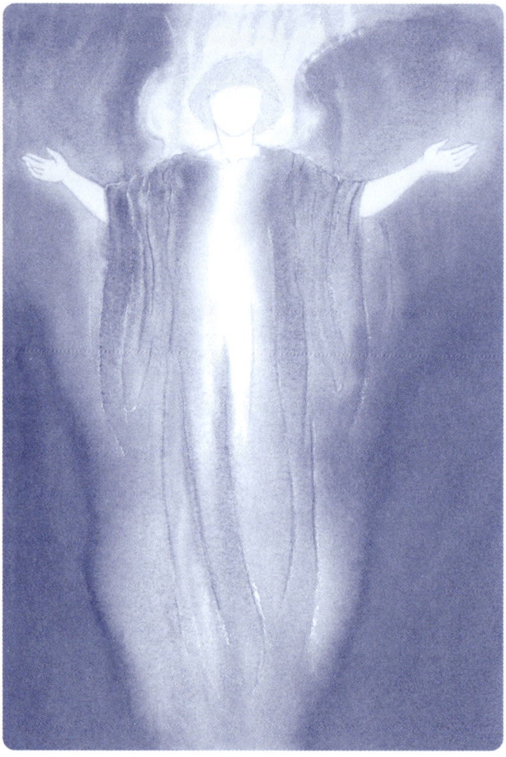

Wie oft bin ich zögerlich und mutlos, kann für meine Bedürfnisse und Anliegen nicht einstehen.

Ist es mir möglich, in einer schwierigen Situation den ersten Schritt zu tun?

Nehme ich meine Lebensziele ernst und arbeite freudig und mutig darauf hin?

Mein Engel, gib mir Kraft und Vertrauen, in mich selber und in deine Führung.

Mit jedem mutigen Entscheid wird mein Vertrauen stärker.

Übung:

Ich atme Licht, Mut und Kraft
ein.

Mit dem Ausatmen lasse ich die
Angst los.

Ich bin Licht, Mut und Kraft.

Ich bin auf dem Weg.

5

Himmelskönigin

Ein Licht ist uns geboren

Himmlische Mutter, du hast ein besonderes Licht in die Welt gebracht, an dem wir uns orientieren können und das uns den Weg weist in lichten und in dunklen Tagen.

Jede neue Seele, die geboren wird, ist ein neues Licht und eine Hoffnung für diese Erde.

Werden wir uns der großen Aufgabe und Verantwortung bewusst, die wir als Mütter, BetreuerInnen, LehrerInnen für Kinder haben.

Geben wir ihnen den liebevollen, beschützenden, fördernden Rahmen, damit sie ihr Licht entfalten können.

Übung:

Ich atme tief und ruhig.

Als Mutter / Vater / Betreuer gebe ich liebevoll mein Bestes zur Entfaltung der neuen Seele.

6

Sternenkönigin

Königin des Sternenmeers,
halt' deine schützende Hand über uns

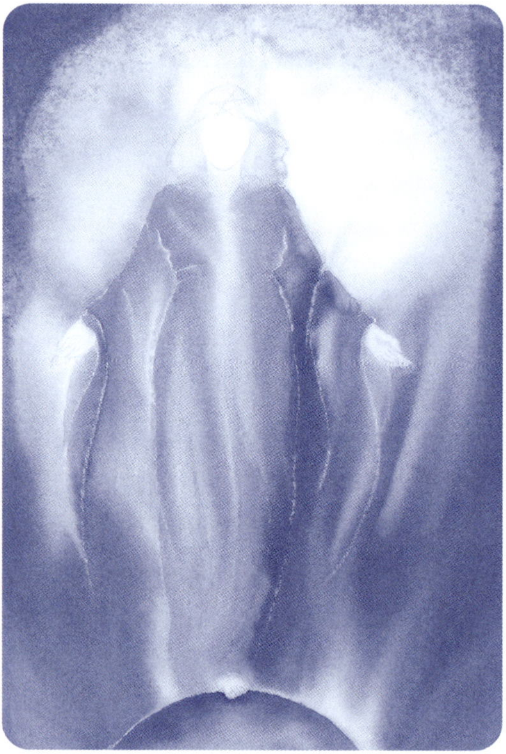

Maria, die zärtliche, fürsorgliche Mutter, kann sie mir Wegweiser sein?

Sie hat voll Vertrauen ja gesagt zu einer großen, ungewissen Aufgabe.

Wie lebe ich meine Mutter- oder Vateraufgabe?

Verantwortlich, beschützend, behütend?

Kann ich ja sagen zu Leben, das mir anvertraut wird?

Du große Mutter, mach mich mit meiner liebevollen, beschützenden Seite vertraut.

Übung:

Ich atme tief und ruhig in meine mütterlichen / väterlichen

Gefühle hinein, sanft liebevoll, beschützend.

7

Christophorus

In der Not, so ruf ich dich

Manchmal erscheint mir das Leben sinnlos und schwer.

Ich werde über die Maßen geprüft.

Ich verstehe die Welt nicht mehr und weiß nicht, was das alles soll.

Christophorus, er ist bereit zu helfen, meine Last zu tragen.

Bin ich aber auch bereit, mir helfen zu lassen?

Manchmal ist es auch hilfreich und nötig, sich einem »Menschenengel« anzuvertrauen, die Lage zu besprechen und Lösungen zu suchen. An wen wende ich mich?

Ich bin bereit, Christophorus segne mich.

Übung:

Ich atme tief und ruhig.

Ich spüre, wie meine Last leichter wird und Licht Körper, Geist und Seele durchflutet.

8

Franziskus

Lass Frieden und Geduld
zu meiner Stärke werden

Wie innen, so außen.

Bin ich im Frieden mit mir selbst, so strahle ich diese Energie aus und kann so Frieden und Harmonie in meine Umgebung tragen.

Wie oft doch bin ich in Spannung und gereizt, sende Blitz und Donner aus.
Warum eigentlich?

Gibt es einen wirklichen Grund, meinen inneren Frieden aufzugeben?

Was erreiche ich damit?

Könnte man das Problem auch anders angehen?
Liebevoll.
Ich bin in Frieden mit mir.

Übung:

Ich atme tief und frei.

Ich bin ein Werkzeug deines Friedens.

9

Weltenengel

Du verbindest Himmel und Erde

Was bedeutet Meditation für mich?

Ist es eine stille Zeitinsel, auf die ich mich zurückziehe und versuche, den »Lärm« in meinem Inneren zur Ruhe zu bringen?

Zum einen ja. Meditation bedeutet aber auch, in Stille mit Gott verbunden zu sein. Achtsam und voll Freude am Sein durch den Wald, am See oder in den Bergen wandern, auch das ist Meditation.

Wenn ich mir des Göttlichen in allem bewusst bin, voll Liebe und Freude mein Tagwerk tue, so ist auch das letztlich Meditation und Gebet.

Übung:

Ich atme ruhig, bin in Stille voll
Dankbarkeit verbunden mit Gott.

10

Licht

Freudvoll im Licht verbunden

Licht ist Wirklichkeit, Dunkelheit ist Abwesenheit von Licht!

Jeden Tag aufs Neue weicht die Dunkelheit dem Licht.

Manchmal hängen dunkle, schwere Wolken vor der Sonne, und doch wissen wir, sie ist da.

Jedes Lebewesen ist ein Universum in sich.

Jeder Mensch hat diese innere Sonne, den Lebensfunken.

Wie ist im Moment meine innere »Wetterlage«?

Kann ich mich an den lichtvollen Tagen freuen und dunkle Zeiten durchschreiten, ohne darin hängen zu bleiben?

Übung:

Ich atme ruhig, wende mich meiner inneren Sonne zu.

Voll Freude bin ich im Licht mit meiner Umgebung verbunden.

11

Der Sanfte

Du bist Teil der Schöpfung

Ich bin ein Teil von Gottes unendlicher Schöpfung, bin Licht von seinem Licht. Der Sternenhimmel über mir, der Mond, die Sonne, alles bewegt sich in wunderbarer Ordnung.

Kann ich mich als Teil dieser einzigartigen Schöpfung erkennen?

Ich gehe hinaus in die Natur, atme die frische Luft und fühle mich im Einklang mit dem Göttlichen. Ich bin eingebettet in diese Ordnung. Alles ist gut.
Ich genieße den Augenblick.

Übung:

Ich atme tief und ruhig. Licht umfließt mich.

Ich bin ein Teil der Schöpfung.

12

Weisheit

Mit Liebe und Weisheit segne uns

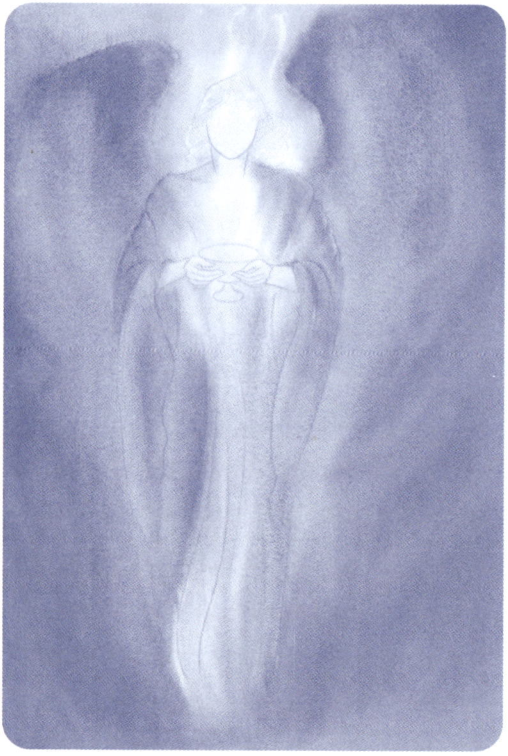

Manchmal bin ich voll Begeisterung für ein Projekt oder will etwas unbedingt haben oder erreichen (Auto, Auszeichnung etc.).

Voll Ehrgeiz arbeite ich daran, zur Beruhigung rauche ich und strapaziere meinen Körper über das Maß. Erwarte von anderen zuviel.

Irgendwann erreiche ich mein Ziel; doch mein Körper und meine Seele sind geschunden, meine Beziehungen haben gelitten.

Hat es sich gelohnt?

Mein Engel, hilf mir, weise und liebevoll zu handeln.
Die Bedürfnisse meines Körpers und meiner Seele achtsam wahrzunehmen und ein liebevolles Umfeld zu schaffen.

Übung:

Ich atme tief und frei.

Das Licht der Weisheit fließt durch mich.

13

Sieg

Du hilfst mir, meine Angst zu besiegen

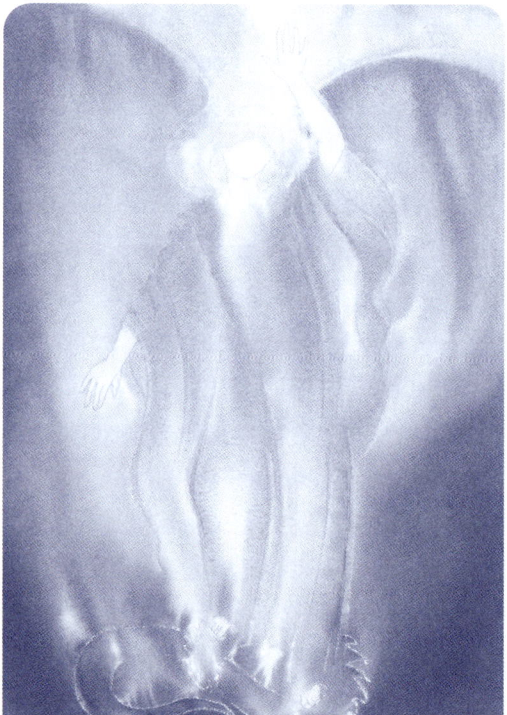

Mein Engel, steh mir bei, wenn Ängste mich bedrängen.

Wie oft habe ich schlaflose Nächte aus Angst, meine Arbeit zu verlieren, krank zu werden, mich verändern zu müssen etc.?

Ich mache mir Sorgen und gerate sogar in Panik.
Ich mache mir bewusst, mein Engel ist mit mir, allezeit.
Ich vertraue auf seine Hilfe.

Ich erkenne die Wirkung.
Je mehr mein Vertrauen wächst, desto klarer, ruhiger und selbstbewusster werde ich.

Mein Engel, hab Dank.

Übung:

Ich atme Licht ein, mit dem Ausatmen lasse ich die Angst wegfließen.

Ich spüre die liebevolle Geborgenheit meines Engels.

14

Nähe

Ich bin dir nah. Vertraue!

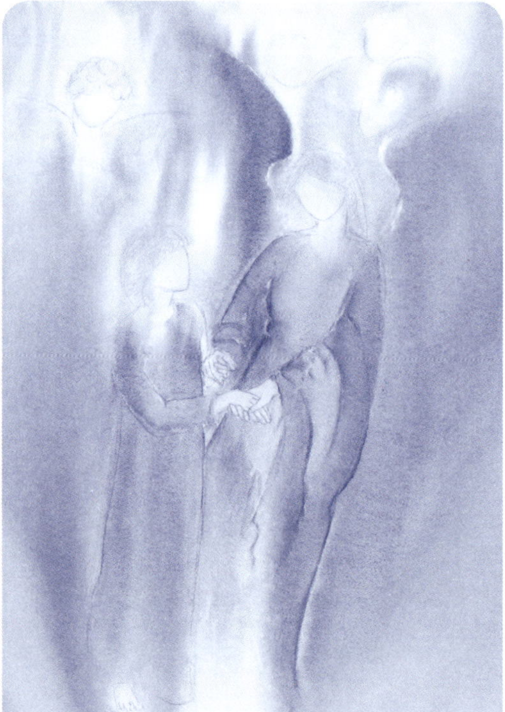

Ist mir die Nähe meines Engels als Verbindung zum Göttlichen bewusst und vertraue ich auf ihn?

Weiß ich, was ich will, übergebe ihm aber bewusst die Führung?

Er sieht die Zusammenhänge und führt mich zu meinem Besten.
(Nicht mein Wille, sondern dein Wille geschehe.)

Übung:

Ich atme ruhig und gelassen tief ein und langsam aus.

Mit dem Einatmen nehme ich Licht auf, mit dem Ausatmen lasse ich alle Schmerzen, allen Ärger, alles Dunkle los.

Der Körper füllt sich mit Licht.

In diesem Licht spüre ich die liebevolle Gegenwart meines Engels.

Ich fühle mich wunderbar geborgen.

Es ist gut so.

15

Rosenengel

Du streust Rosen,
manchmal auch Dornen auf meinen Weg

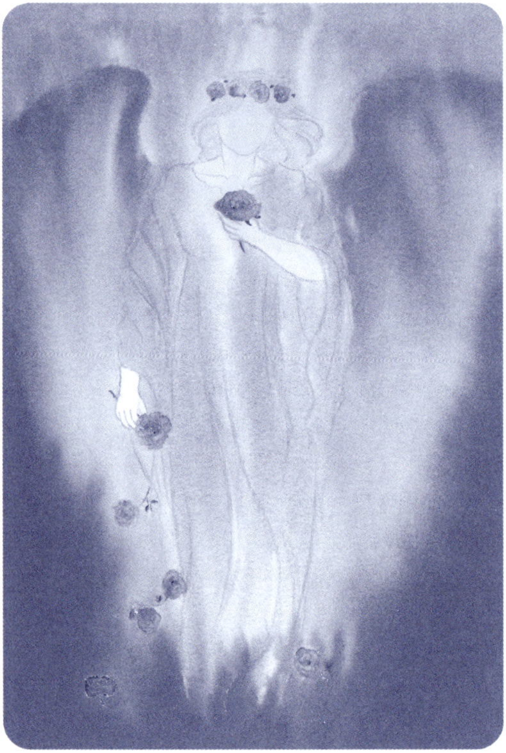

Wie viel schönes darf ich erleben, Rosen auf meinem Weg.
Ich bin dankbar und freue mich.

Doch auch Dornen, schmerzhafte Erfahrungen gehören dazu.
Erst durch sie lerne ich, achtsam die Schönheit und den betörenden Duft der Rose zu schätzen.

Bin ich ein positiver Mensch, der sich an den Schönheiten und an den guten Zeiten des Lebens erfreut oder neige ich dazu, aus lauter Angst vor den Dornen auch das Schöne nicht mehr zu sehen?

Übung:

Ich atme tief und ruhig, denke an etwas Schönes, das vor mir liegt oder das ich gerade erlebt habe.

Ohne innere Kritik genieße ich freudig und dankbar den inneren Blick darauf.

16

Golden Light

Ein Lichtstrahl berührt meine Seele

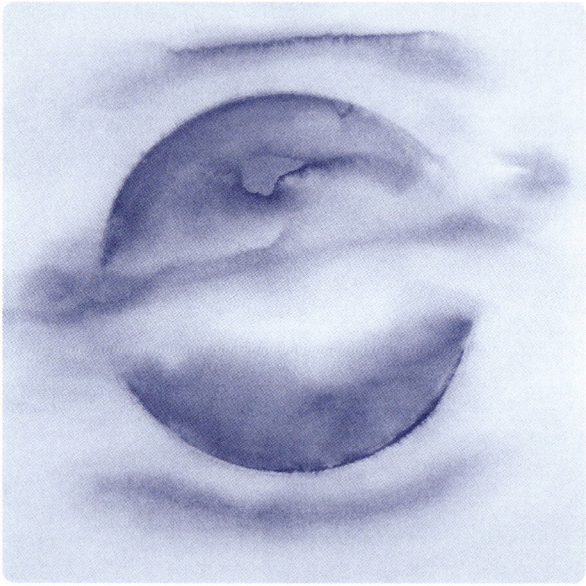

Ihr seid das Licht der Welt. (Mt. 5,14)

Jesus hat damit uns alle angesprochen.

Wie schnell sind wir bereit, zu unterscheiden in gut und böse, sympathisch und unsympathisch.
Wir beurteilen und bewerten unser Umfeld und weiter ganze Nationen und Völker.

Doch **jeder** Mensch trägt das Licht Gottes (Seele) in sich.

Bin ich bereit, in jedem Menschen dieses Licht zu sehen und mit ihm auf dieser Ebene zu kommunizieren?

Ich will es versuchen.

Übung:

Ich atme tief und ruhig.

Ich bin Licht von seinem Licht.

Mein Freund und mein Feind, sie
alle sind Licht von seinem Licht.

17

Geduld

Hab Geduld mit mir, mein Engel

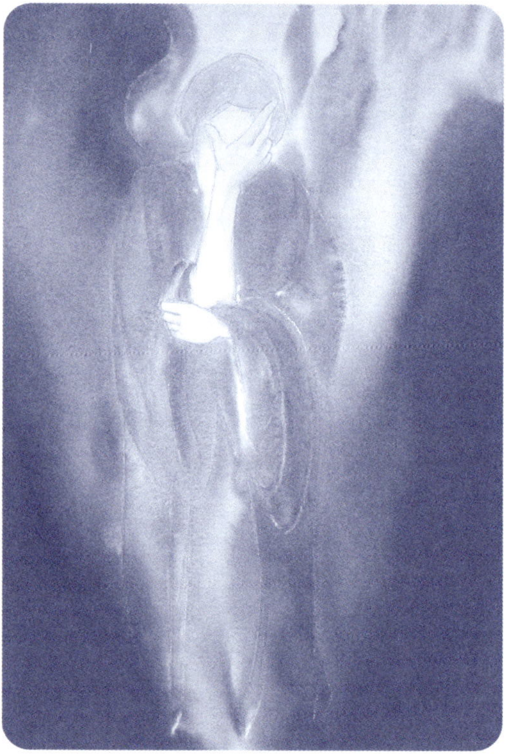

Wie oft bin ich ungeduldig, will mit dem Kopf durch die Wand.
Meine, etwas müsste hier und jetzt genau so sein, wie ich es mir vorstelle.

Doch mein Engel hat den Durchblick, er weiß, wohin meine Ungeduld führt.
Manchmal muss er mich mit aller Kraft vor einer Dummheit bewahren.
Manchmal ist eine schwierige Erfahrung nötig, um zu lernen.

Mein Engel, hilf mir, geduldig und gelassen die Dinge anzugehen und auf deine Stimme zu hören.

Übung:

Ich atme Licht ein. Mit dem Ausatmen lasse ich Stress und Hektik los.

Ruhe und Geduld fließen als sanftes Licht durch meinen Körper.

18

Mut

Mit dir sind wir bereit,
neue Wege zu gehen

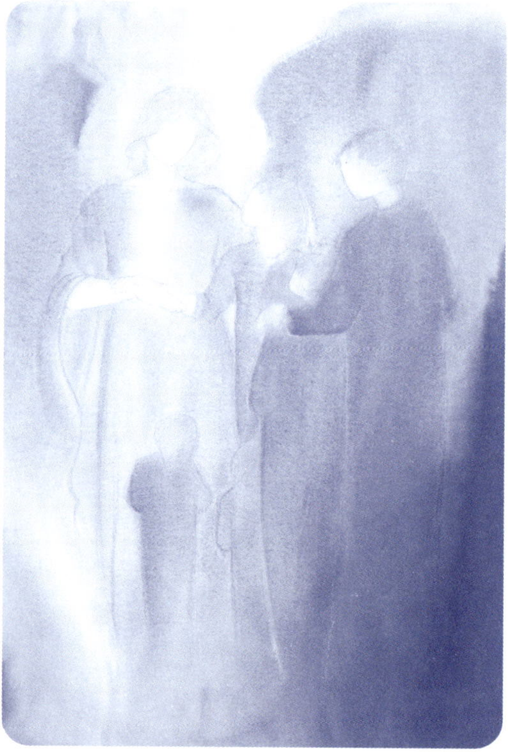

Etwas Neues steht an.
(Ein Umzug, eine Trennung, Jobwechsel etc.)

Doch ich zögere, ziehe die vermeintliche Sicherheit dem ungewissen Neuen vor.

Ich überdenke die Situation, positive und negative Punkte.

Kann und will ich damit leben?

Was könnte ich von meiner Seite her ändern?

Wie sollte die optimale Lösung aussehen?

Mutig bin ich für den neuen Weg bereit.

Manchmal braucht es ebensoviel Mut, im »Alten« neue Wege zu beschreiten, wie einen ganz neuen Weg zu suchen.

Übung:

Ich atme tief und ruhig.

Ich breite die Arme aus.

Ich bin bereit für einen neuen Weg.

19

Suche

In der Stille meiner Seele suche ich dich

Meditation

Ich setze oder lege mich hin, atme tief in meine Lungen, entspanne bewusst meine Hände und Füße.

Mit dem Einatmen nehme ich Licht auf, mit dem Ausatmen lasse ich allen Schmerz, Ärger, Wut und Ängste los.

Licht, Ruhe und Gelassenheit breiten sich aus, alles Dunkle fließt weg.

Ich spüre die liebevolle Anwesenheit meines Engels.

Es gibt nichts zu denken und nichts zu tun, nur da sein im Licht mit offenem Herzen und Sinnen.

Es ist gut, mein Engel ist mir nah.

20

Morgenröte

Ich verlasse die Dunkelheit
und bin bereit für den lichten Tag

Es gibt Zeiten, da bin ich in negativen Gedanken gefangen und ich lasse mich von düsteren Ahnungen beherrschen.

Doch nichts ist so beständig wie die Veränderung.
Auf Dunkelheit folgt Licht.
Ich rufe den Engel der Morgenröte.
Führ mich ins Licht des neuen Tages.

Ich bin bereit, die Dunkelheit zu verlassen und voll Vertrauen das neue Licht willkommen zu heißen.

Übung:

Ich atme Licht ein, lasse alle düsteren Gedanken los.

Ich bin bereit für den neuen Tag.

21

Mystic Light

Geheimnisvolles Licht, bringt neue Hoffnung

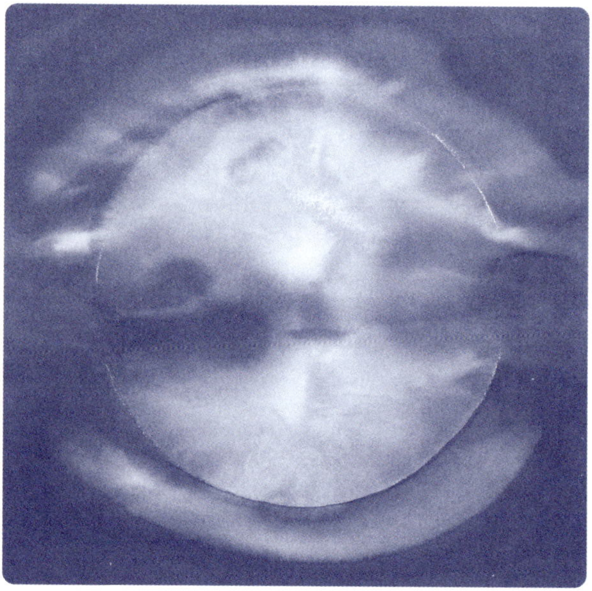

Vor 2000 Jahren erschien ein Stern und gab uns Zeichen.

Auch heute gibt Gott uns Zeichen und seine Engel sind uns vielleicht näher als je. Wir erwarten Wunder wie aus der Bibel, doch heute sehen sie anders aus.

Wie oft haben wir schon gesagt: Oh, jetzt hatte ich aber Glück!
Sei es bei einem Beinaheunfall oder bei einem besonderen Geschenk.

Übung:

Ich atme tief und ruhig.

Ich öffne mich den kleinen und großen Wundern.

22

Loslassen

Voll Vertrauen
lege ich meine Sorgen vor dich hin

Es gibt Zeiten in meinem Leben, die sind schwierig.

Nichts will mir gelingen, im Beruf und in meinen zwischenmenschlichen Beziehungen. Ich geh mir selber auf die Nerven. Ich mache mir um alles und jeden Sorge.

Wie befreie ich mich aus dieser mühsamen Situation?

Übung:

Versuche zehn bis zwanzig Mal pro Tag eine Minute bewusst, tief und ruhig zu atmen. Gib in jeden Atemzug den Gedanken: »Ich vertraue auf Gott.«

Sein Engel beschützt mich und er wird das Bestmögliche für meinen Lebensplan und meine Entwicklung tun.

23

Heilung

In deinem Licht wird Heilung geschehen

Ich bin müde, ausgelaugt, gestresst.

Ruft erst meine Seele oder schon mein Körper durch Krankheit um Hilfe?

Betäube ich die Signale durch Medikamente, Suchtmittel?

Missachte ich meinen Körper?

Liegt meine Fähigkeit, meine Gabe, im Heilen und Pflegen von Menschen oder Tieren?

Ich lausche in mich und suche nach Antwort.

Übung:

Ich atme tief und ruhig.

Ich lasse mich vom Engel der Heilung berühren.

Ich höre seine Botschaft und handle.

24

Neuanfang

Ich lasse das Gestern los
und bin bereit für das Neue

Wo steht ein Neuanfang an?
Bin ich bereit dazu?

Bin ich bereit, das Alte, das gehen will, loszulassen?
Ich meditiere über das zu Lösende.
Was hat es gebracht, was durfte ich lernen?
Ich lasse den Schmerz des Abschieds zu.
Ich verzeihe mir selber, dieses Muster so lange gelebt zu haben.
Ohne Groll und dankbar für den Wendepunkt entlasse ich das Alte aus meinem Leben.

Voll Freude und Zuversicht schaue ich nach vorn und bin bereit für das Neue.
Wie soll es aussehen?
Gib deinem Engel Ideen und sei bereit für ein Wunder.

Übung:

Ich atme tief und ruhig. Ich nehme Abschied von der Vergangenheit. Ich bin Licht. Voll Freude schaue ich nach vorn.

25

Schutz

Hab Vertrauen, ich beschütze dich

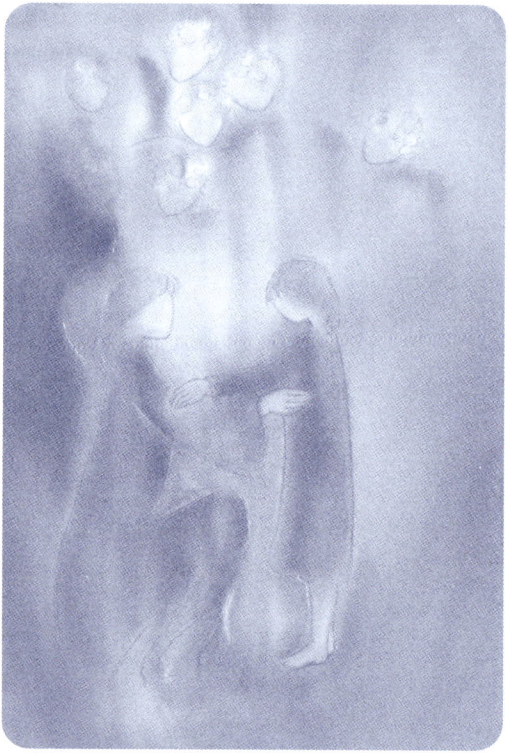

Mein Engel ist da, allezeit.

Nur, ich muss ihm ein Zeichen geben, ihn um Hilfe bitten.
Wir Menschen haben den freien Willen.
Der Engel greift nur ein, wenn ich ihn mit dem Herzen rufe, d. h. voll Vertrauen in ihn bin.

Manchmal muss er mich jedoch vor einer Dummheit bewahren oder vor einer großen Gefahr.

Seine Hilfe ist vielleicht nicht immer so, wie ich es will, aber im Nachhinein stellt es sich meistens heraus, dass seine Art von Hilfe mich zur weiseren Lösung führt.

Übung:

Ich atme Licht und fühle seinen Schutz.

26

Schöpfungskraft

Am Anfang jeden Tuns steht die Idee

Hab Dank, himmlischer Vater.

Du führst mich zu meiner Arbeit (Aufgabe), die ich mit Freude und Hingabe tue und in der ich meine Kreativität entfalten kann.

Ich gebe mein Bestes und das Beste darf ich empfangen.

Bin ich mit meiner Arbeitssituation zufrieden?

Bin ich am richtigen Ort?

Tue ich das, was meinen Fähigkeiten entspricht?

Was würde ich am liebsten tun?

Übung:

Ich atme ruhig und frei.

Mit Freude gebe ich mein Bestes – das Beste darf zu mir kommen!

27

Freiheit

Ich bin frei und fähig,
meine Gaben und Talente auszuschöpfen

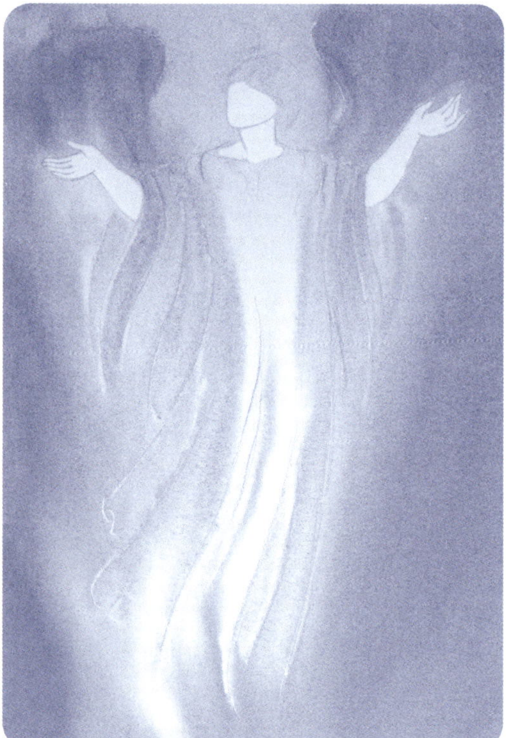

Bin ich gefangen in einengenden Ansichten von mir oder anderen über meine Fähigkeiten und Talente?

Trage ich Erinnerungen aus der Kindheit wie: »Das kannst du nicht« in mir?

Ich lasse diese Muster los.
Ich bin frei, jetzt nach meinen Fähigkeiten zu forschen.
Die Gaben sind in der Tätigkeit zu suchen, die ich am liebsten tue.

Heute tue ich den ersten Schritt in **mein** neues Leben, in dem ich meine Gaben entfalte.

Übung:

Ich atme tief und frei.

Ich spüre die Freiheit in meinem ganzen Körper.

Jetzt tue ich den ersten Schritt in mein neues Leben!

28

Bereitschaft

Ich bin bereit zu lernen

Bin ich ein Mensch, der dazu neigt, eher negativ zu denken?

Nehme ich von jeder kritischen Situation gleich die schlimmsten Möglichkeiten wahr?

Wie kann ich positives Denken üben?

Indem ich nach der schlimmsten Vorstellung einen Schritt weiter gehe und mir die bestmögliche Lösung denke. Diese übergebe ich voll Vertrauen meinem Engel mit einem großen Dank für seine Mithilfe.

Meine Erfahrung hat gezeigt, mein tiefes Vertrauen wird belohnt, durch eine allerbeste Lösung.

Übung:

Ich atme tief und ruhig.

Ich bin offen und bereit zu lernen.

29

Führung

Gib mir deine Hand und führe mich

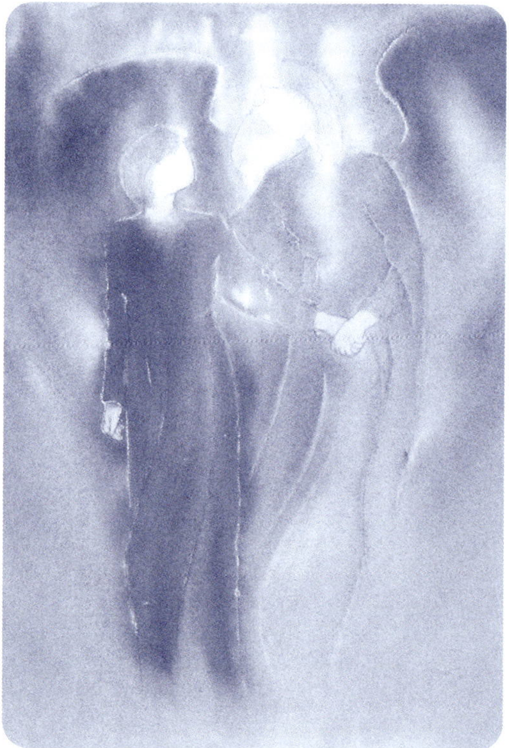

Ich meine, ich stehe allein, kann mich nur auf mich selbst verlassen.

Doch da ist auch mein Engel.

Voll Hingabe und Freude begleitet er mich, beschützt mich, lässt mich gehen und fängt mich auf, wenn ich stolpere.

Gemeinsam sind wir auf dem Weg und gemeinsam erreichen wir das Ziel.

Doch so oft vergesse ich es. Fühle mich als »Einzelkämpfer«.

Übung:

Ich atme tief, schließe die Augen, voll Vertrauen gebe ich meinem Engel die Hand und lasse mich führen.

30

Trost

Wenn mich Hoffnung und Mut verlassen,
so tröste mich

Es gibt Zeiten, da verliere ich jede Perspektive, fühle mich mutlos und verlassen, sehe nur noch Probleme.

Manchmal vergesse ich sogar meinen Engel.

Liebevoll wachend steht er in meiner Nähe und wartet auf meinen Ruf.

Übung:

Ich suche einen ruhigen Platz, atme tief in meinen Bauch, werde mir meines Körpers bewusst, meines flatternden Geistes und meiner traurigen Seele. Ich rufe meinen Engel. Langsam kommt Ruhe in mein Herz. Ich spüre eine liebevolle Geborgenheit. Es ist gut, mein Engel ist da. Erfrischt und mit neuer Kraft bin ich für positive Lösungen bereit.

31

Frühlingslicht

Du schenkst uns Kraft durch die Natur

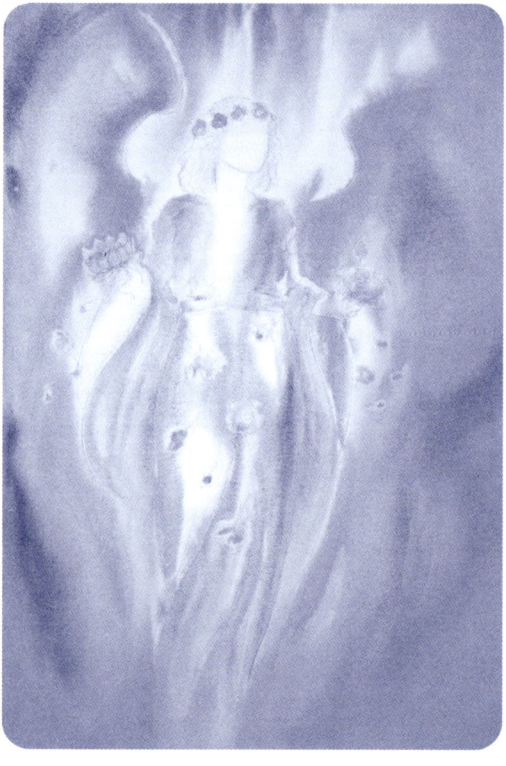

In unserer Zivilisation ist die Kluft zur Natur sehr groß geworden.

Für jeden Weg benutzen wir das Auto, die Kinder werden in die Schule gefahren usw. Alles aus Zeitmangel?!

Können wir noch die Jahreszeitenwechsel erkennen?

Im Frühling das erste Vogelzwitschern?

Den Duft der Veilchen oder des Flieders?

Wie weit entfernt von der Natur oder besser wie nah bin ich ihr?

Kann ich ihre wunderbare Kraft spüren?

Wann bin ich das letzte Mal durch den Wald oder die Felder gewandert, hab das Fließen des Wassers im Fluss oder das Rauschen des Windes im Getreide bewusst wahrgenommen?

Übung:

Ich öffne ein Fenster, atme tief und ruhig.

Kann ich einen Vogel hören?

Den Wind in den Bäumen?

Den Duft der Blumen riechen?

32

Vergebung

Gib mir ein großes Herz, das verzeihen kann

Bin ich empfindlich, trage ich eine unglückliche Bemerkung lange Zeit mit mir herum?

Hege ich Groll gegen andere?

Was tue ich mir selber an damit?

Ich bleibe in einer negativen Situation der Vergangenheit hängen.
Fülle mein Herz mit Dunkelheit.
Indem ich vergebe, dem andern für seine Verletzung und mir selber für das Verharren im Groll, bin ich von neuem bereit, im Jetzt zu leben.
Denn nur das Jetzt zählt und jeder Tag ist Licht!

Übung:

Ich atme tief und frei.

Das Herz wird leicht in der Vergebung.

Es ist gut.

33

Licht der Erde

Mein Engel, segne Wasser,
Erde, Luft und Licht

Achtsam und dankbar will ich mit den Elementen umgehen.

Wasser: Ich darf den Hahn aufdrehen und es fließt

Erde: Ich pflanze Gemüse, Salat und Blumen, und die Erde lässt sie gedeihen

Luft: Ich darf immer noch mehr oder weniger reine Luft atmen

Licht: Jeden Tag geht die Sonne auf, Licht und Wärme begleiten mich

Gib mir das Verständnis und die Kraft, achtsam und bewusst mit den Elementen umzugehen.

Vater, segne diese unsere einzige Erde.

Übung:

Ich atme ruhig und tief, Licht umhüllt mich.

Ich fühle Gottes Segen über unserer wunderbaren Erde.

34

Harmonie

Deine sanfte Musik bringt Ruhe in mein Herz

Harmonie ist Nahrung für meine Seele.

Sorge ich für inneren Ausgleich, Ruhe, in meiner Mitte sein?
Ein Spaziergang durch den Wald, aus der Natur schöpfen.
Eine Wanderung in den Bergen, dem Himmel nahe sein.
Ein Konzert genießen oder sich Zeit nehmen, um in einer stillen Meditation zu mir selber und zu Gott zu finden.
Innere Ausgeglichenheit führt zu äußerer Harmonie und Gelassenheit.

Übung:

Ich atme tief und ruhig ein und aus.

Höre mit Körper, Geist und Seele Musik, die mir Freude bereitet.

35

Verständnis

Lass das Licht des Verstehens
in meiner Seele leuchten

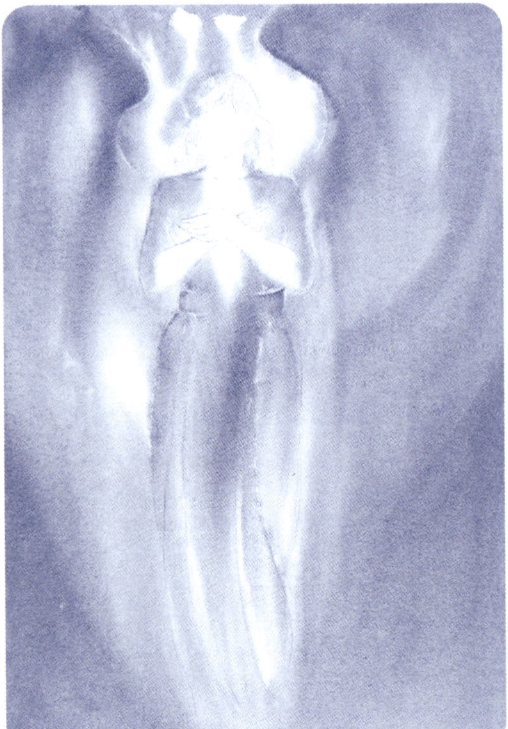

Oft kann ich Dinge nicht verstehen, werde traurig oder wütend.

Lasse ich mich leicht provozieren?

Kann ich mich schon über kleine Dinge ärgern?

Mein Engel, hilf mir, die größeren Zusammenhänge zu erkennen.

Zu verstehen, was für »Spiele« gespielt werden.

Mit innerer Klarheit und Gelassenheit wähle ich meine Rolle.
Z. B.: Ich werde am Arbeitsplatz gemobbt. Will ich das? Lasse ich es zu?

Wo möchte ich mich sehen?

Übung:

Ich atme tief und ruhig.

Ich erkenne und wähle bewusst
»meine Rolle im Spiel des Lebens«.

36

Lichtwirbel

Licht setzt Kräfte frei

Ich habe eine gute Idee (Lichtblitz), langsam nimmt sie Gestalt an.

Kann ich neue Ideen zulassen oder verwerfe ich sie gleich wieder?

Beginnen mich die »Wenn und Aber« zu bremsen?

Wie wichtig ist Kreativität in meinem Leben?

Habe ich große Ziele?

Wie gehe ich sie an? Schritt für Schritt, mit viel Freude und Vertrauen in meine Fähigkeiten – im Wissen, von meinem Engel geführt und begleitet zu sein.

Übung:

Ich atme tief und ruhig, setze meine Ideen und Ziele ins Licht, übergebe sie meinem Engel zur Prüfung und Mithilfe.

Ursina Würmli widmet sich seit 1970 der Malerei. Nach einem tiefgreifenden spirituellen Erlebnis Mitte der 80er Jahre und etlichen »Rufen der Engel« öffnete sie sich schließlich der lichtvollen spirituellen Malerei. Mit viel Liebe und Freude entstehen heute in ihrem lichtdurchfluteten Atelier ihre zauberhaften Engel- und Planetenbilder.

Aus diesen Bildern werden jährlich zwölf ausgewählt, um in ihrem »Engelwelten«-Kalender die Menschen durch das Jahr zu begleiten. Seit dem Kalender 2004 erscheint auch dieser im Verlag »Die Silberschnur«.

www.ursina-wuermli.ch